PALABRAS
de Lucha y Alegría

DANIELLE FAUTEUX
con la colaboración de María Álamo

New Readers Press

Una edición previa de esta cartilla fue imprimida y distribuida por el Adult Literacy Resource Institute, un programa de la Universidad de Massachusetts en Boston y Roxbury Community College, y por las Escuelas de la Comunidad de Boston.

ISBN 0-88336-626-6

©1990

New Readers Press
Publishing Division of Laubach Literacy International
Box 131, Syracuse, New York 13210

Imprimido en los Estados Unidos

An earlier edition of this primer was printed and distributed by the Adult Literacy Resource Institute, a joint program of the University of Massachusetts at Boston and Roxbury Community College, and by the Boston Community Schools and Recreation Centers.

ISBN 0-88336-626-6

©1990

 New Readers Press
Publishing Division of Laubach Literacy International
Box 131, Syracuse, New York 13210

Printed in the United States of America

Sponsoring Editor: Paula L. Schlusberg
Project Assistant: Suzanne Abrams
Language Consultant: Elaine L. Meltzer
Cover Illustrator: David Fichter
Designer: Joanne M. Groth

9 8 7 6 5 4 3 2 1

A Bette y Jacques Fauteux

Reconocimientos

Quisiera agradecerles a todas aquellas personas que con su ayuda hicieron posible la realización de este libro.

Un sincero agradecimiento a María Álamo por su colaboración en el proceso de preparar esta cartilla. Gracias a Alfredo Arango-Franco por la introducción.

Gracias a Liduvina Aviles, Ana Colón, Nicole Fauteux, Steve Lewontin, Ileana Martínez, Diego Montañez, Miguelina Rivera, Lucrecia Rondón y Margarita Santiago quienes colaboraron en el proceso de escojer temas para las lecciones y escribir las oraciones principales.

Félix Arroyo, Carlos Cruz, Aída Quiles y Tomás Kalmar leyeron el texto y servieron con sus sugerencias y también con su ayuda. Gracias también a José Gonzales, Divina Massó, José Massó, Diana Saez, Rosa Torruellas, Gene Turitz, David Truscello y Rachel Wyon por sus sugerencias útiles.

Estoy muy agradecida a los fótografos por el uso de sus obras, a David Fichter por la cubierta, y a Teresa Muñoz por la cubierta de la primera edición. Gracias también a las personas que aparecen en las fotografías.

A la compañía de arquitectos "Walden 3" que donó el uso gratuito de la computadora, gracias.

Gracias también a Bette y Jacques Fauteux, Luis Fuentes, Eva Kerr, Kay Koschnick Freeman, Paula Schlusberg, Willie Sordillo, el Adult Literacy Resource Institute, The Boston Community Schools, y New Readers Press por su interés y apoyo.

La inspiración y el formato de este libro surgieron del libro "El Amanecer del Pueblo," cartilla fonética de Nicaragua. Sin esa obra, este trabajo no se hubiera logrado.

ÍNDICE

Introducción

Para simplificar el texto, por toda esta introducción hemos usado formas femeninas para referir a los aprendedores y a los instructores de ambos sexos. Para claridad, volvemos a señalar que toda mención de aprendedores o de instructores refiere igualmente a ambos sexos.

¿Qué es esta cartilla?

Esta cartilla es un material de apoyo que te da ideas acerca de los temas que se pueden tratar en clase, te ayuda a producir diálogos por medio de fotos y te sugiere un orden fonético y silábico según el cual la participante avanza de lo más simple a lo más complejo. Esta cartilla ha sido hecha con adultos para adultos, tratando de mantener en la medida de lo posible una selección de temas que importan a nuestra comunidad latina y un lenguaje comprensible a nuestras diferentes nacionalidades.

Sobre la clase en general

Los mejores materiales de clase son la realidad misma que hemos vivido o estamos viviendo así como nuestros planes y sueños, el cuaderno o la libreta, el lápiz, la pizarra, la tiza y la grabadora. La clase tiene que ser una experiencia viva por medio de la cual las participantes y las facilitadoras analicen sus propias vidas y se libren juntos de sus temores, de su situación de desventaja en la familia, el vecindario, el trabajo y la sociedad. Eso no es posible si les pedimos a las estudiantes simplemente que repitan y memoricen de un libro. Antes de empezar la clase de alfabetización, es necesario preguntarnos con el grupo para qué realmente vamos a aprender a leer y escribir. Después que esto quede claro, se tiene una mejor idea de los materiales y las actividades que se pueden desarrollar.

¿Cómo usar esta cartilla?

Aunque las lecciones de esta cartilla se dividen en pasos y cada uno lleva sus instrucciones, creemos provechoso en este punto compartir con quienes van a usarla un ejemplo de nuestras prácticas en el salón de clase, en el Programa de Educación Popular del Barrio. Tomemos la Lección 4. En la página 21 tenemos una foto. El ejercicio 1 nos pide que observemos y comentemos.

Les pedimos a las estudiantes que coloreen la fotografía. Coloreando logramos varias cosas: se observa mejor, se desarrollan los músculos de la mano al tiempo que se ejercitan conceptos estéticos y se le da a la cartilla un toque personal que además la embellece. Colorear es algo que les gusta también a los adultos, no sólo a los niños. Nuestras estudiantes traen o deben desarrollar destrezas visuales y manuales que les son muy útiles en su trabajo y sus futuras carreras.

Las estudiantes comentan sobre la fotografía respondiendo a preguntas que van de lo simplemente descriptivo a lo creativo, como ¿Qué vemos en la foto? ¿Qué están haciendo? ¿Qué están comiendo? ¿Están celebrando algo especial? ¿Quién preparó la comida? ¿Qué comidas especiales prepara usted y para qué ocasiones? ¿Cuáles son sus platos favoritos? ¿Quién cocina en su casa? ¿Quién ayuda, quién no y por qué? Muchas preguntas interesantes pueden hacerse. (La comida es una experiencia de nuestra vida diaria con la que todos estamos familiarizados). De lo dicho en clase sacamos una frase corta que explique la foto y que puede ser escrita en la pizarra por una estudiante avanzada, por la tutora, o por la maestra para que sea leída y copiada por la clase al pie de la foto.

Puede ser que las participantes no puedan leer por sí mismas la frase del ejercicio 2, página 22. En ese caso la lee la maestra primero. Aquí podemos preguntar cuáles son nuestras comidas. ¿Por qué es importante mantener nuestras comidas? Les pedimos a las participantes que traigan de la casa todas las etiquetas o los empaques de los productos con que cocinan. Al mismo tiempo vamos leyendo la palabra de los ejercicios 3 y 4 y las sílabas del ejercicio 5. En cuanto a las sílabas, hacemos prácticas con tarjetas identificando y combinando las sílabas aprendidas. De esta forma pasamos a los ejercicios 6 y 7 donde las estudiantes forman palabras nuevas combinando diferentes sílabas. Pueden hacerlo primero con las tarjetas y luego en la cartilla.

Cuando tenemos las etiquetas, las leemos en la clase. Si las hay en inglés podemos traducirlas. También podemos aprender algunas palabras en inglés, según quiera o no la clase. Las estudiantes generalmente las reconocen sin leerlas. Podemos escribir en la pizarra esos nombres y luego ver si se pueden reconocer sin la etiqueta. Luego que se puedan leer se escriben en la libreta. Con las etiquetas hacemos carteleras que se fijan en la pared.

Al tiempo que avanzamos en leer y escribir las palabras del ejercicio 8, el diálogo del ejercicio 9 y las frases del ejercicio 10 en la página 23, les pedimos a las estudiantes que traigan un menú de un restaurante o fotocopiamos uno y lo repartimos. Aquí podemos hacer cosas muy interesantes como preguntar cuánto vale un plato determinado; esto para desarrollar velocidad de lectura horizontal y vertical. Podemos incluir un poco de matemáticas sumando cuánto sería la cuenta si comiéramos algunos de esos platos. Aunque no se logre la lectura de todos los platos porque seguramente habrá en ellos sílabas que no se han aprendido, hemos logrado mucho. El menú de un restaurante ya no ser motivo de bochorno; se le ha perdido el miedo.

En la página 24, el ejercicio 11 nos pide hacer un dictado. El dictado puede ser la confección de una receta. Podemos hacer una sola receta para todo el salón o trabajar en diferentes recetas por grupos. En nuestro caso hemos podido cocinar en el salón de clase y escribir la receta al mismo tiempo; pero podemos hacerlo en casa de alguien o simplemente traer algunos platos sencillos y escribir las recetas al tiempo que los saboreamos en clase.

Si estamos trabajando con diferentes niveles, las estudiantes avanzadas pueden elaborar sus propios menús jugando con la posibilidad de tener su propio restaurante; podemos elaborar recetas especiales, por ejemplo de alimentos para enfermos. También se puede invitar una nutricionista para hablar sobre nuestra dieta y de todo este trabajo se pueden publicar cuadernillos de notas y recetas.

Otras formas de complementar la cartilla

Las actividades complementarias son infinitas; dependen del mismo grupo con que se está trabajando. Algunos complementos que hemos desarrollado en nuestra práctica son los siguientes:

Con las mismas estudiantes grabamos una cinta que dice la página y repite las sílabas de los ejercicios numero 5, dando tiempo a que la persona que escucha busque la página y repita esos sonidos. Esto es muy útil para personas que viven solas o de cualquier forma no tienen quien les ayude en la casa a identificar esos sonidos. También es útil para aprovechar el tiempo mientras se viaja, si se lleva una grabadora portátil (un "Walkman"). La cinta es un gran compañero y un método excelente de reforzar la enseñanza, además de servir como una extensión de la clase en cualquier lugar y hora. En la cinta se pueden incorporar también el abecedario, canciones, poesías o cualquier cosa.

Muy importante es leer todo lo que está a nuestro alrededor como los avisos en las calles, muchos de los cuales son en español. Los periódicos son muy importantes; con ellos podemos informarnos y divertirnos. De ellos podemos sacar fotos, avisos clasificados, carteleras de televisión y cine, crucigramas y caricaturas. Las revistas son muy útiles también.

Es muy conveniente familiarizarnos en la clase con mapas de nuestros países y de los Estados Unidos, mapas de la ciudad y de trenes y autobuses o omnibuses. El manejo de los puntos cardinales y en general la ubicación en el espacio es sumamente clave.

Particularmente importante es familiarizarnos con los formularios o aplicaciones que las participantes necesitan llenar en su vida diaria y los cuales ellas mismas pueden traer al salón. Se puede introducir manuales y folletos que dan información sobre vivienda, salud, cuestiones de emigración o cualquier tema de interés para todos. Se trata de suplementar las lecciones de la cartilla que tratan estos asuntos o incluir los que no estén en la misma.

De gran importancia e interés es leer nuestras identificaciones, compartir cartas y otros documentos personales, así como pedirles a las estudiantes que traigan dibujos y mensajes de sus niños para incorporarlos al proceso de aprendizaje de sus padres.

Con estas ideas y sobre todo las que surjan en tu salón de clase estamos seguros que será provechosa esta cartilla y en general la experiencia de aprender todos juntos a construirnos una vida mejor.

Alfredo Arango-Franco

Programa de Educación Popular de El Barrio

Lección 1

1. Observemos y comentemos:

Danielle Fauteux

2. Leamos la oración:

Con tu propia educación obtienes tu liberación.

3. Leamos la palabra:

educación

4. Leamos las vocales:

e̲d̲u̲c̲a̲c̲i̲ó̲n̲

5. Leamos y escribamos las vocales:

a   e   i   o   u   e   u   a   i   o

A   E   I   O   U

6. Pongamos una raya debajo de las vocales:

casa   amor   trabajo

niños   cultura   mujer

comida   padre   vida

7. Hagamos un dictado:

8. Leamos y copiemos:

A a   E e   I i   O o   U u

9. Escribamos nuestro nombre:

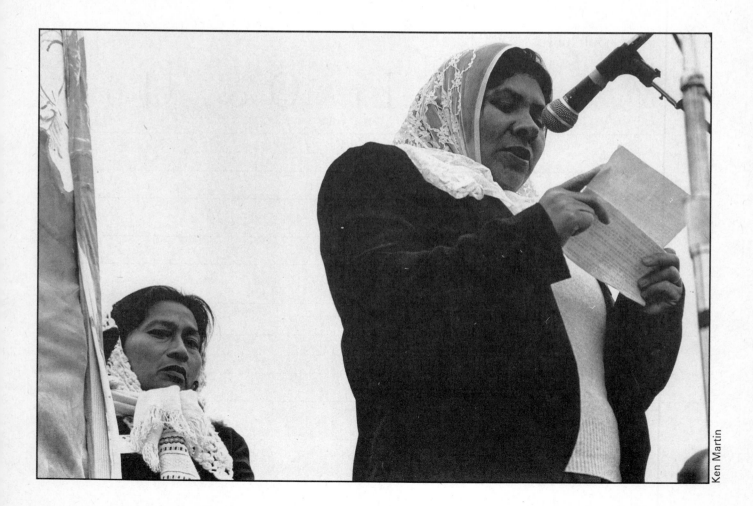

Ken Martin

12

Lección 2

1. Observemos y comentemos:

2. Leamos la oración:

Somos de la América Latina.

3. Leamos la palabra:

Latina

4. Leamos las sílabas que forman la palabra:

La   ti   na

5. Leamos y escribamos las sílabas:

la   li   le   lu   lo
La   Li   Le   Lu   Lo

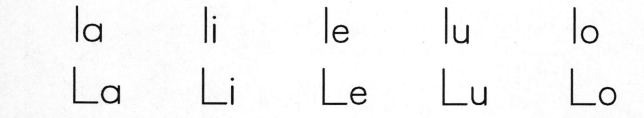

6. Leamos:

le

le- **le**o   el- **el**
le- **le**al

7. Formemos palabras combinando las sílabas conocidas:

8. Leamos y escribamos las palabras:

leo	lío	ala	lo
el	Lola	ola	óleo
lila	lee	la	Lala

---

9. Leamos y escribamos la oración:

Lola lee.

---

10. Hagamos un dictado:

Adam Kufeld

16

Lección 3

1. Observemos y comentemos:

Janice Rogovin

2. Leamos la oración:

Conservamos la cultura.

3. Leamos la palabra:

conservamos

4. Leamos las sílabas que forman la palabra:

con   ser   va   mos

5. Leamos y escribamos las sílabas:

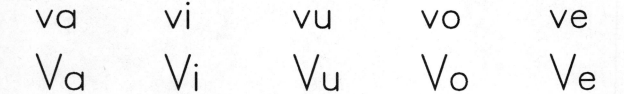

va   vi   vu   vo   ve

Va   Vi   Vu   Vo   Ve

Va

Va

6. Leamos:

vo

vo- vi**vo**

vol- **vol**ví

7. Formemos palabras combinando las sílabas conocidas:

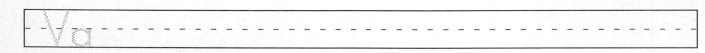

8. Leamos y escribamos las palabras:

vive	ave	lava	vale
va	vivo	volví	veo
uva	Eva	vuela	volvió

- -

- -

- -

9. Leamos el diálogo:

A Lola volvió.

B La ví.

10. Leamos y escribamos la oración:

El ave vuela.

- -

- -

- -

11. Hagamos un dictado:

Danielle Fauteux

Lección 4

1. Observemos y comentemos:

Janice Rogovin

2. Leamos la oración:

Seguimos disfrutando de nuestras comidas.

3. Leamos la palabra:

seguimos

4. Leamos las sílabas que forman la palabra:

se   gui   mos

5. Leamos y escribamos las sílabas:

se   so   sa   su   si

Se   So   Sa   Su   Si

se

Se

6. Leamos:

sa

sa- **sa**la   sal- **sa**lsa

sas- sal**sas**   sa- u**sa**

7. Formemos palabras combinando las sílabas conocidas:

8. Leamos y escribamos las palabras:

solo	eso	salva	isla
sal	seis	Luis	Silvio
oso	sol	suelo	vaso

9. Leamos el diálogo:

A Luis va a la isla.

B ¿Va solo?

A Sí.

10. Leamos y escribamos las oraciones:

Silvia lee sola.
Salió el sol.
Eva vio el oso.

11. Hagamos un dictado:

- -

- -

- -

Ken Martin

Lección 5

1. Observemos y comentemos:

Michael Abramson

2. Leamos la oración:

Nuestra cultura se refleja en nuestros festivales.

3. Leamos la palabra:

cultura

4. Leamos las sílabas que forman la palabra:

cul   tu   ra

5. Leamos y escribamos las sílabas:

ra   ru   ro   ri   re

Ra   Ru   Ro   Ri   Re

ra

Ra

6. Leamos:

ra

ra- e**ra**   ras- ve**ras**

rar- vi**rar**   rrar- e**rrar**

7. Formemos palabras combinando las sílabas conocidas:

8. Leamos y escribamos las palabras:

oro   risa   raro   olor

ríe   leer   servir   aire

rosa   río   serio   iremos

- -

- -

- -

9. Leamos el diálogo:

A ¿Uso la salsa?

B Usa sal.

Rosa va a usar la salsa.

10. Leamos y escribamos las oraciones:

Rosario va a leer los versos.

Eso se resuelve.

Iremos a la isla.

- -

- -

- -

11. Hagamos un dictado:

- -

- -

- -

Amy Zuckerman, Impact Visuals

Lección 6

1. Observemos y comentemos:

María Álamo

2. Leamos la oración:

Aprender inglés facilita al inmigrante la comunicación en los Estados Unidos.

3. Leamos la palabra:

inmigrante

4. Leamos las sílabas que forman la palabra:

in   mi   gran   te

5. Leamos y escribamos las sílabas:

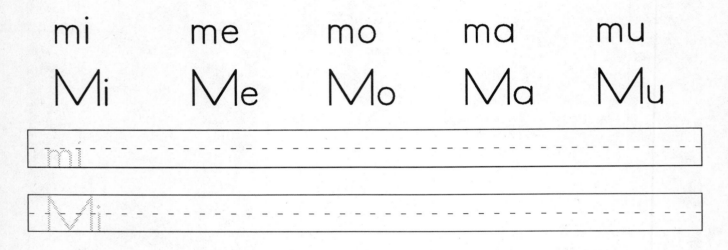

mi   me   mo   ma   mu

Mi   Me   Mo   Ma   Mu

mi

Mi

6. Leamos:

ma

ma- lo**ma**   mar- re**mar**

mal- **mal**   mas- al**mas**

7. Formemos palabras combinando las sílabas conocidas:

8. Leamos y escribamos las palabras:

mamá	somos	moral	malo
vamos	miel	misa	miseria
amor	morir	alma	amarrar

9. Leamos el diálogo:

A Marisol murió.

B ¿Vas a la misa?

A Sí.

10. Leamos y escribamos las oraciones:

Vamos a leer.
Salimos al mar.
Mamá va a leer.

11. Hagamos un dictado:

Danielle Fauteux

Lección 7

1. Observemos y comentemos:

Danielle Fauteux

2. Leamos la oración:

¿Cómo te comunicas con los niños en este país?

3. Leamos la palabra:

niños

4. Leamos las sílabas que forman la palabra:

ni   ños

5. Leamos y escribamos las sílabas:

ne   ni   no   nu   na

Ne   Ni   No   Nu   Na

ne

Ne

6. Leamos:

ne

ne- u**ne**   ne**l**- Leo**nel**   en- **en**viar

nen- u**nen**   ner- **ner**vioso   nes- vier**nes**

7. Formemos palabras combinando las sílabas conocidas:

8. Leamos y escribamos las palabras:

luna   nieve   veneno   nueve

novio   verano   unión   avión

novenario   nueva   animal   nivel

---

9. Leamos el diálogo:

A ¿Viene Leo en el verano?

B No, sólo viene Nilsa.

10. Leamos y escribamos las oraciones:

Viene la nieve.

El avión vuela.

Se ve la luna.

---

11. Hagamos un dictado:

Danielle Fauteux

Lección 8

1. Observemos y comentemos:

Danielle Fauteux

2. Leamos la oración:

¿Provee tu comunidad facilidades recreativas para los niños?

3. Leamos la palabra:

facilidades

4. Leamos las sílabas que forman la palabra:

fa   ci   li   da   des

5. Leamos y escribamos las sílabas:

da   de   do   du   di
Da   De   Do   Du   Di

da

Da

6. Leamos:

de

de- **de**do   des- **des**de   dre- ma**dre**

der- ven**der**   del- **del**   den- **den**so

7. Formemos palabras combinando las sílabas conocidas:

8. Leamos y escribamos las palabras:

vida	demás	donde	dinero
dolor	dudo	saludo	miedo
día	marido	remedio	Dios

9. Leamos el diálogo:

A ¿Adónde va Delia?

B Va a una reunión de su unión.

10. Leamos y escribamos las oraciones:

Dame dos dólares.

Me duele el dedo.

Mi madre viene en verano.

11. Hagamos un dictado:

Jane Scherr

Lección 9

1. Observemos y comentemos:

María Álamo

2. Leamos la oración:

La televisión es un adelanto de la ciencia, mal utilizado por el ser humano.

3. Leamos la palabra:

televisión

4. Leamos las sílabas que forman la palabra:

te   le   vi   sión

5. Leamos y escribamos las sílabas:

te   to   ti   ta   tu

Te   To   Ti   Ta   Tu

te

Te

6. Leamos:

ta

ta- visi**ta**   tar- **tar**de   tas- no**tas**

tra- nues**tra**   tan- **tan**to   tal- na**tal**

7. Formemos palabras combinando las sílabas conocidas:

8. Leamos y escribamos las palabras:

todo	roto	latina	lotería
ratón	valiente	tía	están
antes	tiene	tres	lástima

9. Leamos el diálogo:

A ¿Van a mirar la televisión esta tarde?

B No, vamos a visitar a nuestros tíos.

A ¿Van a las siete?

B No, vamos alrededor de las tres.

10. Leamos y escribamos las oraciones:

Somos valientes.

¿Dónde está el tren?

Tenemos visita.

11. Hagamos un dictado:

- -

- -

- -

Jane Scherr

Lección 10

1. Observemos y comentemos:

Carlos Carvahlo

2. Leamos la oración:

Muchos padres no pueden trabajar ni estudiar
sin el acceso a centros buenos de cuido de niños.

3. Leamos la palabra:

padres

4. Leamos las sílabas que forman la palabra:

pa   dres

5. Leamos y escribamos las sílabas:

pa   pe   pu   pi   po

Pa   Pe   Pu   Pi   Po

pa

Pa

6. Leamos:

pa

pa- **pa**ra   pan- **pan**talón   pal- **pal**ma

pas- **pas**tel   pla- **plá**tano   par- **par**to

7. Formemos palabras combinando las sílabas conocidas:

8. Leamos y escribamos las palabras:

pan	palo	popular	pelea
poder	persona	opresión	suspiro
papel	permiso	siempre	posada

----

9. Leamos el diálogo:

A Vamos a usar los plátanos.

B ¿Vamos a usarlos para el pastel?

A No, úsalos para tostones.

B Pero no los usemos todos.

10. Leamos y escribamos las oraciones:

Paula es del Perú.

Pasamos por el puente.

----

11. Escribamos nuestras propias oraciones:

- -

- -

- -

12. Hagamos un dictado:

- -

- -

- -

Mark Hoffman

Lección 11

1. Observemos y comentemos:

María Álamo

2. Leamos la oración:

La falta de recursos aumenta las dificultades con que se enfrenta la madre soltera.

3. Leamos la palabra:

falta

4. Leamos las sílabas que forman la palabra:

fal   ta

5. Leamos y escribamos las sílabas:

fa   fo   fe   fi   fu
Fa   Fo   Fe   Fi   Fu

fa

fa

6. Leamos:

fa

fa- **fa**ma   fan- **fan**tasma   far- **far**sa

fal- **fal**ta   fas- **fas**tidio   fla- **fla**ma

7. Formemos palabras combinando las sílabas conocidas:

8. Leamos y escribamos las palabras:

fila   falso   feo   teléfono
frío   defensa   familia   sufrir
fiesta   enfermo   fiel   forma

---

9. Leamos el diálogo:

A ¿No vas a la fiesta?

B No puedo. Fidel está enfermo.

A ¿Tiene resfriado?

B No. Tiene dolor de oído.

10. Leamos y escribamos las oraciones:

Fidel vive frente a la tienda.
Fuimos a la fiesta.

---

11. Escribamos nuestras propias oraciones:

- -

- -

- -

12. Hagamos un dictado:

- -

- -

- -

Adam Kufeld

Lección 12

1. Observemos y comentemos:

Philip Decker, Impact Visuals

2. Leamos la oración:

El trabajo de la casa es una responsabilidad de todos.

3. Leamos la palabra:

trabajo

4. Leamos las sílabas que forman la palabra:

tra   ba   jo

5. Leamos y escribamos las sílabas:

ba   bu   bi   bo   be

Ba   Bu   Bi   Bo   Be

ba

Ba

6. Leamos:

be

be- **be**so   bel- re**bel**de   bre- li**bre**

ben- **ben**dito   be- be**be**   ble- do**ble**

bes- **bes**tia   ber- **Ber**ta

7. Formemos palabras combinando las sílabas conocidas:

54

8. Leamos y escribamos las palabras:

robo   deber   libro   barrio
abuso   labios   basta   baile
bueno   abierto   bebida   batata

9. Leamos el diálogo:

A ¿La boda es el sábado?

B Sí.

A ¿Tienes bastante dinero para la boda?

B Para la boda sí, pero no para tener bebés.

A Entiendo tu problema.

10. Leamos y escribamos las oraciones:

Vamos al baile el sábado.

Los amigos se besaron.

Roberto vive en el pueblo.

11. Escribamos nuestras propias oraciones:

12. Hagamos un dictado:

Jane Scherr

Lección 13

1. Observemos y comentemos:

Marvin Collins, Impact Visuals

2. Leamos la oración:

La comunicación es necesaria en las relaciones entre las mujeres y los hombres.

3. Leamos la palabra:

comunicación

4. Leamos las sílabas que forman la palabra:

co mu ni ca ción

5. Leamos y escribamos las sílabas:

co   ca   cu

Co   Ca   Cu

co -

Co -

6. Leamos:

ca

ca- **ca**sa   can- **can**dela   cam- **cam**po

cal- **cal**ma   cla- re**cla**mo   cac- **cac**to

car- **car**ta   cra- **crá**neo   cas- **cas**cada

7. Formemos palabras combinando las sílabas conocidas:

- -

- -

- -

8. Leamos y escribamos las palabras:

café	loco	clase	clínica
finca	cama	crísis	disco
vaca	rica	educar	acusar

9. Leamos el diálogo:

A ¿Te puedo escribir a tu casa?

B La casa no tiene apartado postal.

A ¿Dónde reclamas las cartas?

B Las reclamo en el correo.

10. Leamos y escribamos las oraciones:

El café está caliente.

¿Cómo está su comadre?

11. Escribamos nuestras propias oraciones:

----

12. Hagamos un dictado:

Danielle Fauteux

Lección 14

1. Observemos y comentemos:

Brooklyn Women's Martial Arts

2. Leamos la oración:

La seguridad de la mujer depende de la preparación y organización de las mujeres.

3. Leamos la palabra:

seguridad

4. Leamos las sílabas que forman la palabra:

se   gu   ri   dad

5. Leamos y escribamos las sílabas:

gu   go   ga

Gu   Go   Ga

gu

Gu

6. Leamos:

go

go- fue**go**   gos- a**gos**to

gol- **gol**pe   glo- **glo**ria

gor- **gor**do   gro- lo**gro**

7. Formemos palabras combinando las sílabas conocidas:

8. Leamos y escribamos las palabras:

pago	amigo	regalo	alegre
iglesia	grito	guapo	gusto
pegar	grupo	grande	agua

----

9. Leamos el diálogo:

A ¿Vas a caminar a la casa?

B Sí.

A ¿Sola?

B No, con mi amiga. ¿Vas a caminar con nosotras?

A No sé.

B Ven con nosotras. Así es más seguro.

A Está bien.

B No me gusta caminar sola en la oscuridad.

10. Leamos y escribamos las oraciones:

El gobierno gasta el dinero.
Me olvidé de pagar el gas.
Me duele la garganta.

11. Escribamos nuestras propias oraciones:

12. Hagamos un dictado:

Mark Hoffman

Lección 15

1. Observemos y comentemos:

María Álamo

2. Leamos la oración:

La falta de trabajo es uno de los mayores problemas de la sociedad.

3. Leamos la palabra:

trabajo

4. Leamos las sílabas que forman la palabra:

tra   ba   jo

5. Leamos y escribamos las sílabas:

jo   ja   ji   ju   je

Jo   Ja   Ji   Ju   Je

jo

Jo

6. Leamos:

jo

jo- ro**jo**   jos- le**jos**   jon- ca**jón**

loj- re**loj**   jor- me**jor**   **jo**- **jo**ta

7. Formemos palabras combinando las sílabas conocidas:

8. Leamos y escribamos las palabras:

jefe	baja	viaje	joven
jamás	ojo	julio	dejaste
jabón	jaula	ajo	ají

---

9. Leamos el diálogo:

A ¿Dejaste tu trabajo?

B No, me despidieron.

A ¿Sólo te despidieron a tí?

B No, el jefe despidió a noventa obreros.

A Ojalá encuentres otro trabajo rápido.

10. Escribamos nuestras propias oraciones:

- -

- -

- -

11. Hagamos un dictado:

- -

- -

- -

George Cohen, Impact Visuals

Lección 16

1. Observemos y comentemos:

Danielle Fauteux

2. Leamos la oración:

¿Se aumenta el sueldo junto con los precios?

3. Leamos la palabra:

precios

4. Leamos las sílabas que forman la palabra:

pre   cios

5. Leamos y escribamos las sílabas:

ci   ce

Ci   Ce

ci

Ci

6. Leamos:

ce

ce- **ce**loso   ced- mer**ced**

cer- **cer**ca   cen- **cen**tavo

ces- **cés**ped   cel- **cel**da

7. Formemos palabras combinando las sílabas conocidas:

8. Leamos y escribamos las palabras:

cena   vecino   dulce   noticia

cierto   cielo   cien   ejército

liberación   fácil   ciudad   cinto

- -

- -

- -

9. Leamos el diálogo:

A Es difícil encontrar un trabajo en esta ciudad.

B Sí, no es fácil.

A La semana pasada solicité trabajo en once compañías.

B ¿En ninguno te ofrecieron trabajo?

A Pues, me ofrecieron un puesto en una de las fábricas, pero no pagan bastante.

B ¿Entonces, seguirás buscando?

A Sin duda. Pienso ir a trece más esta semana.

10. Escribamos nuestras propias oraciones:

11. Hagamos un dictado:

Jane Scherr

Lección 17

1. Observemos y comentemos:

Steve Cagan, Impact Visuals

2. Leamos la oración:

Es la responsabilidad de todos en la unión lograr el aumento salarial, días feriados, los derechos de los obreros y el acuerdo con el patrón.

3. Leamos la palabra:

derechos

4. Leamos las sílabas que forman la palabra:

de   re   chos

5. Leamos y escribamos las sílabas:

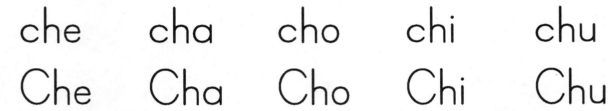

che   cha   cho   chi   chu

Che   Cha   Cho   Chi   Chu

che

Che

6. Leamos:

cha

cha- lu**cha**   chas- mu**chas**

char- **char**ca   cham- **cham**pú

chan- **chan**cleta   chas- **chas**co

7. Formemos palabras combinando las sílabas conocidas:

8. Leamos y escribamos las palabras:

techo muchacha noche chico

machete chocolate chupa derecho

chile chiste chalina chiva

- -

- -

- -

9. Leamos el diálogo:

A Vamos al cine. ¿Vienes con nosotros?

B No puedo esta noche. Tengo un compromiso.

A ¿Adónde vas esta noche?

B A una reunión.

A ¿Una reunión?

B Sí, estamos luchando por mejores salarios.

A No vale la pena luchar. No les va a dar ningún resultado.

B No seas así. Si no luchamos por nuestros derechos, nunca vamos a progresar.

10. Escribamos nuestras propias oraciones:

11. Hagamos un dictado:

78

Jane Scherr

Lección 18

1. Observemos y comentemos:

María Álamo

2. Leamos la oración:

La gente depende de la asistencia pública para resolver problemas económicos fuera de su control.

3. Leamos la palabra:

gente

4. Leamos las sílabas que forman la palabra:

gen te

5. Leamos y escribamos las sílabas:

ge gi

Ge Gi

_ge_ -

_Ge_ -

6. Leamos:

ge

ge- **ge**melo   ges- **ges**to

ger- co**ger**   gen- a**gen**cia

gel- Án**gel**   ge- **ge**nio

7. Formemos palabras combinando las sílabas conocidas:

- -

- -

- -

8. Leamos y escribamos las palabras:

gimnasia	página	agitado
generoso	general	vigilar
dirigir	recoger	gigante

---

9. Leamos el diálogo:

A Estás bien agitada. ¿Pasa algo?

B No, pero me siento frustrada. Después de las cuentas no me sobra ni un centavo.

A Lo mismo me pasa a mí.

B Angelita me pidió dinero para coger clases de gimnasia, pero no lo tengo.

A Vivir de la asistencia publica no es agradable.

B Siempre nos falta dinero para todo.

10. Escribamos nuestras propias oraciones:

11. Hagamos un dictado:

Lección 19

1. Observemos y comentemos:

Catherine Smith, Impact Visuals

2. Leamos la oración:

El costo alto del alquiler conlleva más trabajo y esfuerzo de lo que es justo.

3. Leamos la palabra:

conlleva

4. Leamos las sílabas que forman la palabra:

con   lle   va

5. Leamos y escribamos las sílabas:

lle   llu   lli   llo   lla

Lle   Llu   Lli   Llo   Lla

6. Leamos:

lla

lla- **lla**ve   llan- **llan**to

llar- co**lla**r   llas- pasti**lla**s

7. Formemos palabras combinando las sílabas conocidas:

8. Leamos y escribamos las palabras:

pollo	billete	allá	semilla
calle	botella	lleno	anillo
lluvia	llamar	rodilla	bello

9. Leamos el diálogo:

A ¿Cómo está el tiempo afuera?

B Va a llover esta tarde.

A Ojalá no llueva mucho. El techo todavía está goteando.

B ¿Todavía está mal?

A Sí, llamo todos los días, pero ellos nunca vienen a arreglarlo. Anoche la cocina se llenó de agua.

B ¿Tú no piensas arregarlo tu misma?

A No es mi deber. Seguiré llamando.

10. Escribamos nuestras propias oraciones:

11. Hagamos un dictado:

Ken Martin

Lección 20

1. Observemos y comentemos:

Michael Kamber, Impact Visuals

2. Leamos la oración:

El costo del apartamento cubre la recogida de basura, los arreglos de apartamentos y la limpieza.

3. Leamos la palabra:

limpieza

4. Leamos las sílabas que forman la palabra:

lim   pie   za

5. Leamos y escribamos las sílabas:

za   ze   zi   zo   zu
Za   Ze   Zi   Zo   Zu

za

Za

6. Leamos:

za

za- ta**za**   zan- **zán**gano

az- p**az**   zar- re**zar**

7. Formemos palabras combinando las sílabas conocidas:

8. Leamos y escribamos las palabras:

voz	gozar	zapato	organizar
maíz	zona	azúcar	corazón
luz	arroz	razón	zapatería

---

9. Leamos el diálogo:

A ¿Te compraste un gato?

B Sí, es para cazar ratones.

A ¿Te siguen molestando?

B Se están metiendo en el azúcar, en el arroz, en el maíz, en todo.

A Al menos no tienes tantas cucarachas como nosotros.

B Odio las cucarachas.

10. Escribamos nuestras propias oraciones:

11. Hagamos un dictado:

Lección 21

1. Observemos y comentemos:

2. Leamos la oración:

Luchando podemos conseguir mejores apartamentos para nosotros y nuestros niños.

3. Leamos la palabra:

niños

4. Leamos las sílabas que forman la palabra:

ni   ños

5. Leamos y escribamos las sílabas:

ño   ña   ñi   ñu   ñe

Ño   Ña   Ñi   Ñu   Ñe

ño

Ño

6. Leamos:

ño

ño- baño   ñor- señor

ñon- cañon   ños- años

7. Formemos palabras combinando las sílabas conocidas:

8. Leamos y escribamos las palabras:

mañana	caña	piña	dueño
dañino	sueño	español	año
añadir	uña	señora	bañera

9. Leamos el diálogo:

A ¿Estás preocupada?

B Sí. Llegó otra carta del dueño de la casa.

A ¿Es para cobrarte la renta atrasada?

B Sí, pero no pagaré, si él no arregla la bañera. Llevo meses sin poder usarla.

A ¿No tienes miedo? Ese señor va a tratar de tirarlos a la calle.

B Sí, tengo miedo, pero los vecinos en mi edificio están de acuerdo conmigo.

A ¿Están planeando algo?

B El martes vamos a ver a un abogado.

10. Escribamos nuestras propias oraciones:

- -

- -

- -

- -

- -

- -

- -

- -

- -

- -

11. Hagamos un dictado:

Danielle Fauteux

Lección 22

1. Observemos y comentemos:

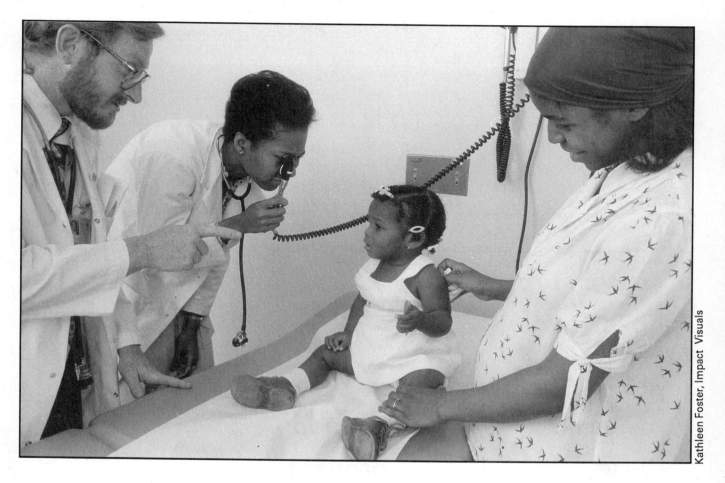

Kathleen Foster, Impact Visuals

2. Leamos la oración:

La salud física y mental suya depende del ambiente, los ejercicios, la nutrición y el cuido personal.

3. Leamos la palabra:

suya

4. Leamos las sílabas que forman la palabra:

su   ya

5. Leamos y escribamos las sílabas:

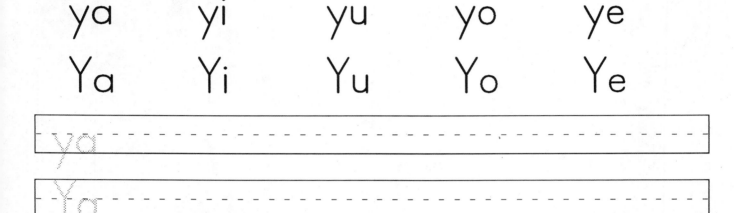

ya   yi   yu   yo   ye

Ya   Yi   Yu   Yo   Ye

6. Leamos:

ye

ye- **ye**ma   yen- le**yen**da

ey- l**ey**   yec- pro**yec**to

yer- a**yer**   yel- **yel**mo

7. Formemos palabras combinando las sílabas conocidas:

8. Leamos y escribamos las palabras:

ayuda   payaso   apoyo   ley

mayo   mayoría   voy   muy

desayuno   papaya   yerno   yerba

9. Leamos el diálogo:

A Ayer el niño estaba muy enfermo.

B ¿Tenía catarro?

A Sí, y una fiebre alta.

B ¿Y cómo se siente hoy?

A No muy bien. El desayunó, pero después él volvió a dormir.

B Debes llevarlo al doctor.

A Yo voy a curarle primero con plantas medicinales.

B Eso es lo mejor.

A Si insiste la fiebre, lo llevaré al médico.

B Es buena idea.

10. Escribamos nuestras propias oraciones:

_____

_____

_____

_____

_____

_____

_____

_____

_____

11. Hagamos un dictado:

- -

- -

- -

- -

- -

Martha Tabor, Impact Visuals

Lección 23

1. Observemos y comentemos:

2. Leamos la oración:

¿Qué hace la policía en su comunidad?

3. Leamos la palabra:

hace

4. Leamos las sílabas que forman la palabra:

ha   ce

5. Leamos y escribamos las sílabas:

hu   ha   hi   he   ho

Hu   Ha   Hi   He   Ho

hu

Hu

6. Leamos:

ho

ho- **ho**la   hom- **hom**bre

hon- **hon**do   hor- **hor**miga

hos- **hos**pital   hol- **hol**gar

7. Formemos palabras combinando las sílabas conocidas:

8. Leamos y escribamos las palabras:

hija	hogar	honesto	hasta
hambre	hermano	habla	hacienda
prohibido	hinchado	hotel	historia
hora	almohada	hoy	habichuela

- -

- -

- -

- -

9. Leamos el diálogo:

A Hubo otro robo anoche cerca de la casa de mi hermana.

B Hay muchos robos en esta área, especialmente ahora. ¿Su hermana hizo algo?

A Ella no se enteró hasta después del robo.

B ¿Entonces nadie hizo nada?

A Alguien llamó a la policía, pero no llegaron a tiempo.

B ¿Cómo se siente su hermana ahora?

A No muy bien. Cuando hablé con ella, todavía se sentía muy nerviosa.

10. Escribamos nuestras propias oraciones:

11. Hagamos un dictado:

- -

- -

- -

- -

- -

Peter Kelly, Impact Visuals

Lección 24

1. Observemos y comentemos:

Danielle Fauteux

2. Leamos la oración:

Existen muchas cosas bellas creadas por la naturaleza.

3. Leamos la palabra:

existen

4. Leamos las sílabas que forman la palabra:

e   xis   ten

5. Leamos y escribamos las sílabas:

xi   xu   xo   xa   xe

Xi   Xu   Xo   Xa   Xe

6. Leamos:

xi

xi- é**xi**to   mix- **mix**to

xis- e**xis**tir   xi- Mé**xi**co

7. Formemos palabras combinando las sílabas conocidas:

8. Leamos y escribamos las palabras:

examen	sexo	éxito	sexto
excelente	extraño	extremo	léxico
próxima	exigente	extensa	texto

- -

- -

- -

9. Leamos el diálogo:

A ¿Qué te pasó ayer? Te extrañamos.

B ¿Cómo fue la jira?

A Bien exitosa. Fuimos a una área bella y todos subimos a la montaña.

B ¿Fue alta la montaña?

A No fue demasiada alta, pero había una vista extensa.

B ¿Qué se veía?

A Se veía la ciudad, varios pueblos, lagos y montañas.

B Suena muy excitante. La próxima vez voy con ustedes.

10. Escribamos nuestras propias oraciones:

_____

_____

_____

_____

_____

_____

_____

11. Hagamos un dictado:

_____

_____

María Álamo

Lección 25

1. Observemos y comentemos:

2. Leamos la oración:

El transporte público es un servicio para que la comunidad funcione bien.

3. Leamos la palabra:

que

4. Leamos y escribamos las sílabas:

que   qui

Que   Qui

que

Que

5. Leamos:

que

que- **que**so   ques- or**ques**ta

quel- Ra**quel**   quen- bus**quen**

6. Formemos palabras combinando las sílabas conocidas:

7. Leamos y escribamos las palabras:

quemar   quien   aquí   quiero

inquilino   quince   querido   aquel

bosque   porque   quitar   queja

8. Leamos el diálogo:

A ¿Qué te pasa?

B Me quedé esperando el tren afuera en ese frío por quince minutos y no llegó.

A ¿Por qué no llamas a Raquel a ver si ella te puede llevar?

B Eso es lo que pienso hacer.

A Ayer yo esperé el bus en la esquina por cuarenta minutos.

B ¿Verdad?

A Quería volver, pero como tenía la cita para ese trabajo, me quedé esperando.

B ¿Llegaste a tiempo?

A ¡Qué va! La entrevista empezó por lo menos quince minutos tarde.

B Aparte de eso, ¿cómo te fue la entrevista?

A Quién sabe. Quiero ese trabajo, pero no sé si es posible que me lo den.

9. Escribamos nuestras propias oraciones:

10. Hagamos un dictado:

Danielle Fauteux

118

Lección 26

1. Observemos y comentemos:

Mark Hoffman

2. Leamos la oración:

El comité de los padres existe para conseguir mejor educación para los hijos.

3. Leamos la palabra:

conseguir

4. Leamos las sílabas que forman la palabra:

con   se   guir

5. Leamos y escribamos las sílabas:

gue   gui

Gue   Gui

gue

Gue

6. Leamos:

gue

gue- si**gue**   guen- lle**guen**   guel- Mi**guel**

7. Formemos palabras combinando las sílabas conocidas:

8. Leamos y escribamos las palabras:

guineo   guiño   guerra   guía

guisado   guitarra   Guillermo   águila

9. Leamos el diálogo:

A Miguelito sigue con problemas en la escuela.

B ¿Qué dice su maestro?

A Él dice que Miguelito no presta atención.

B Y Miguelito, ¿qué dice él?

A Él dice que sus clases son aburridas y que él no entiende cuando el maestro habla inglés rapido.

B ¿Qué opina usted?

A Para mí esa escuela no es buena.

B Puede ser que sí, pero Ud. no hace nada para mejorar la situación.

A ¿Qué voy yo a hacer?

B Usted puede hacer muchas cosas. ¿Cuántas veces le he pedido que vaya conmigo a una reunión del comité de los padres? Si más padres participaran, podríamos efectuar algunos cambios.

10. Escribamos nuestras propias oraciones:

11. Hagamos un dictado:

Mark Hoffman

Lección 27

1. Observemos y comentemos:

María Álamo

2. Leamos la oración:

El programa bilingüe ayuda al estudiante a aprender y a mantenerse en la escuela.

3. Leamos la palabra:

bilingüe

4. Leamos las sílabas que forman la palabra:

bi   lin   güe

5. Leamos y escribamos las sílabas:

güe   güi

Güe   Güi

güe

Güe

6. Formemos palabras combinando las sílabas conocidas:

7. Leamos y escribamos las palabras:

güero   cigüeña   agüero

8. Leamos el diálogo:

A La escuela me avisó que quieren cambiar a mi hija del programa bilingüe al programa regular.

B ¡Qué bueno!

A Yo no lo veo tan bueno, y no lo pueden hacer sin mi autorización.

B ¿Estás segura?

A Segurísima.

B ¿Por qué no quiere que la cambien? Es mejor que ella aprenda bien el inglés.

A Sí, pero la verdad es que los niños que aprenden bien su propio idioma son los que aprenden mejor el inglés también, aunque lo estudien menos.

B Yo no estoy de acuerdo. Yo creo que aquí el inglés es más importante.

A Yo quiero que mis hijos desarollen su español también. Yo quiero que sean verdaderamente bilingües.

B Es tu decisión.

10. Escribamos nuestras propias oraciones:

11. Hagamos un dictado:

- -

- -

- -

- -

- -

- -

Cindy Reiman, Impact Visuals